Matze Pies

Andy war hohl

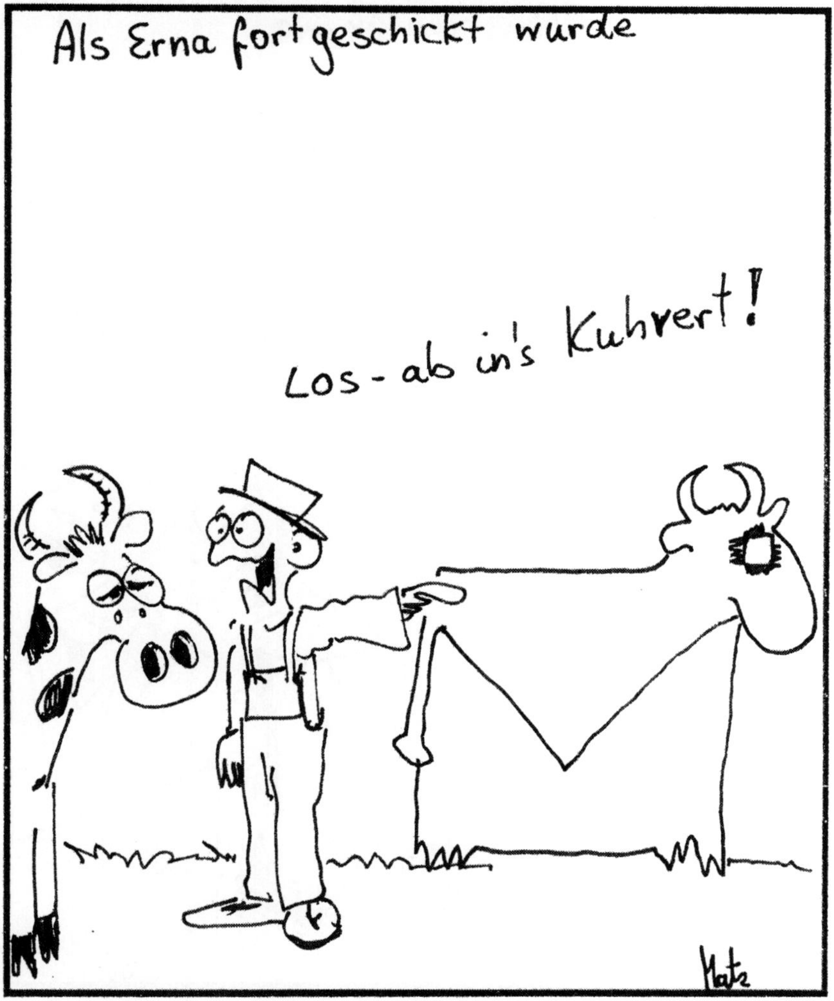
Als Erna fortgeschickt wurde
Los - ab in's Kuhvert!
Matz

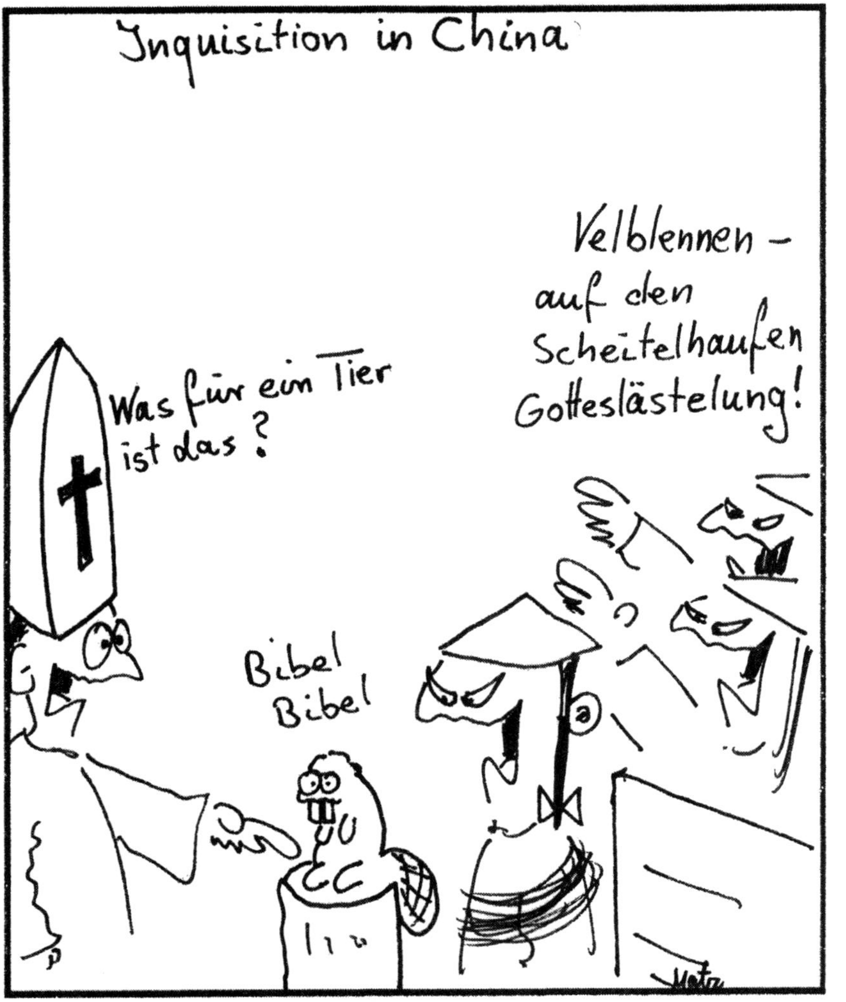
Inquisition in China
Was für ein Tier ist das?
Bibel Bibel
Velblennen - auf den Scheitelhaufen Gotteslästelung!

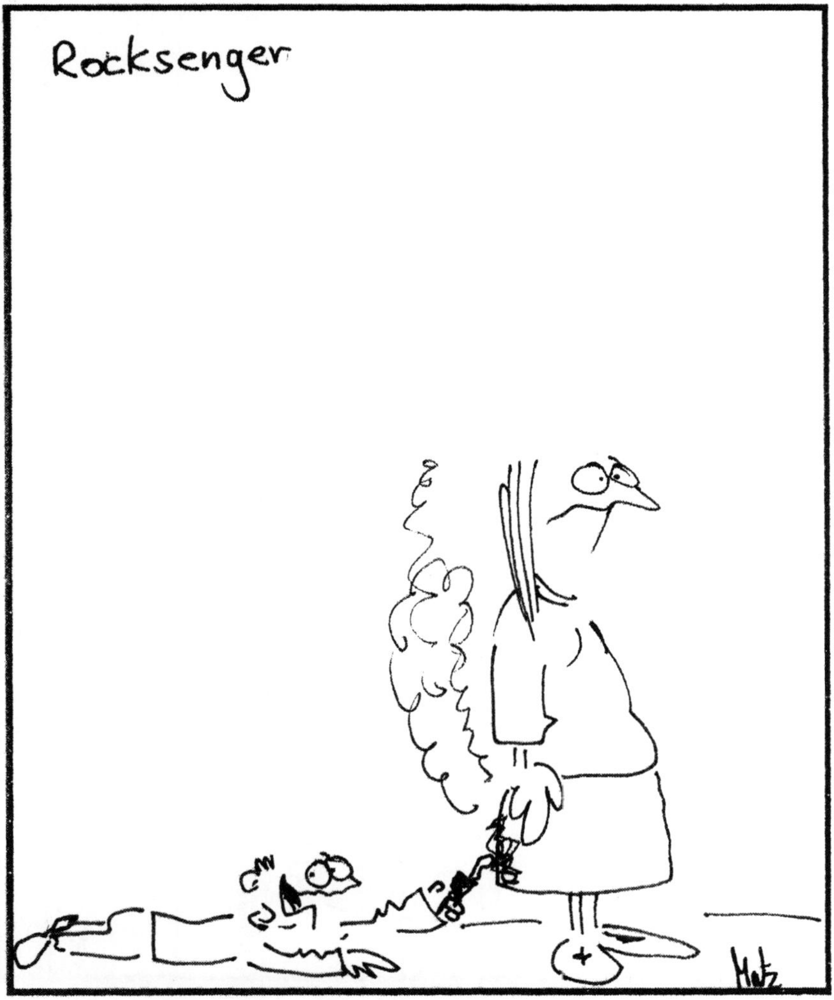
Rocksenger
Matz

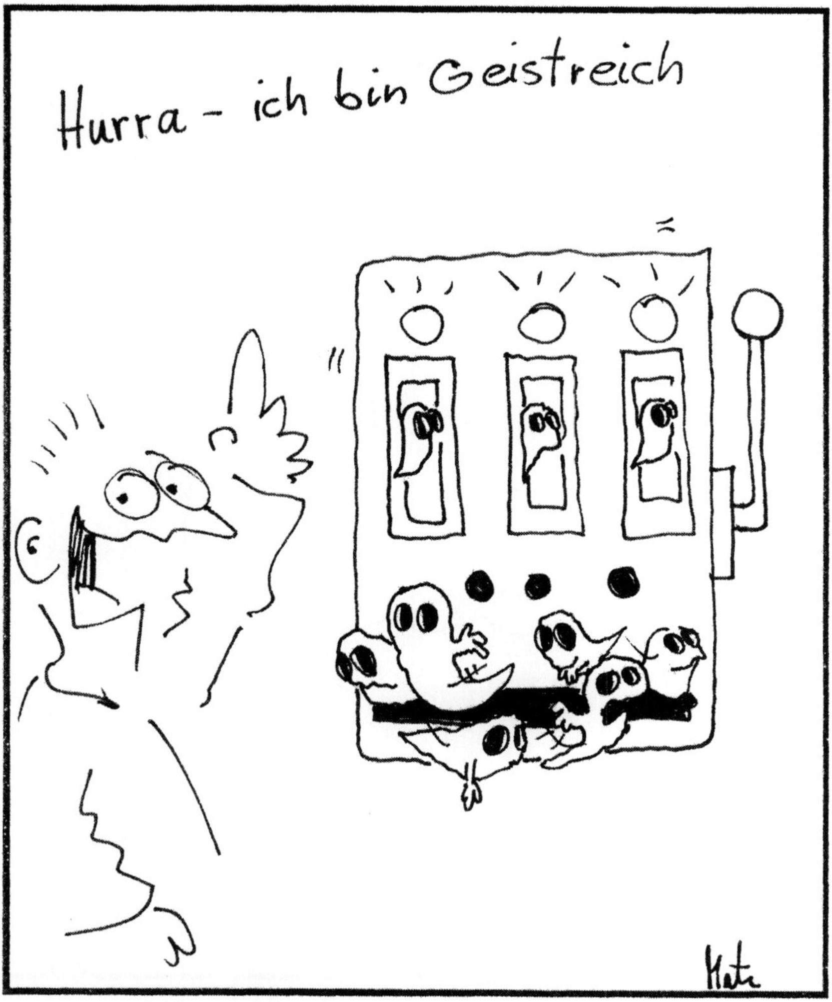
Hurra - ich bin Geistreich
Kate

Walheimat

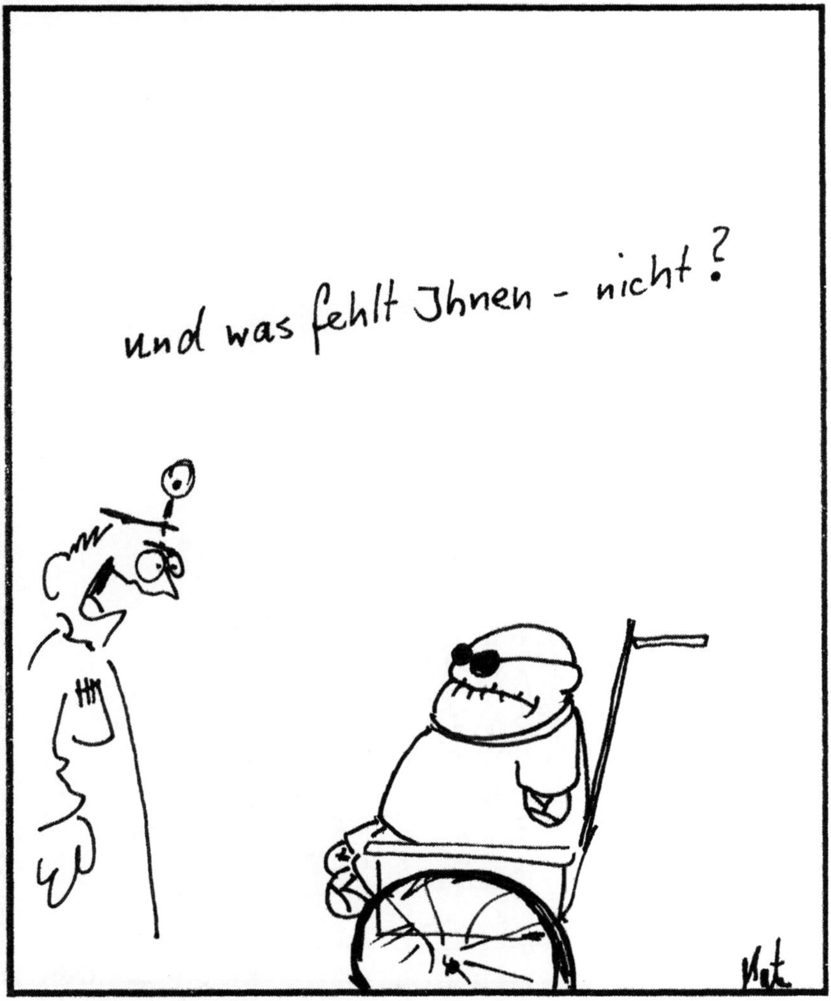
und was fehlt Jhnen - nicht?

Weintraube

He - ihr Mann, er ertrinkt
Hörn sie auf zu stottern - ich weiß, daß er säuft
Mote

Das Verhör

Was hast du uns für'n Reis verkauft?

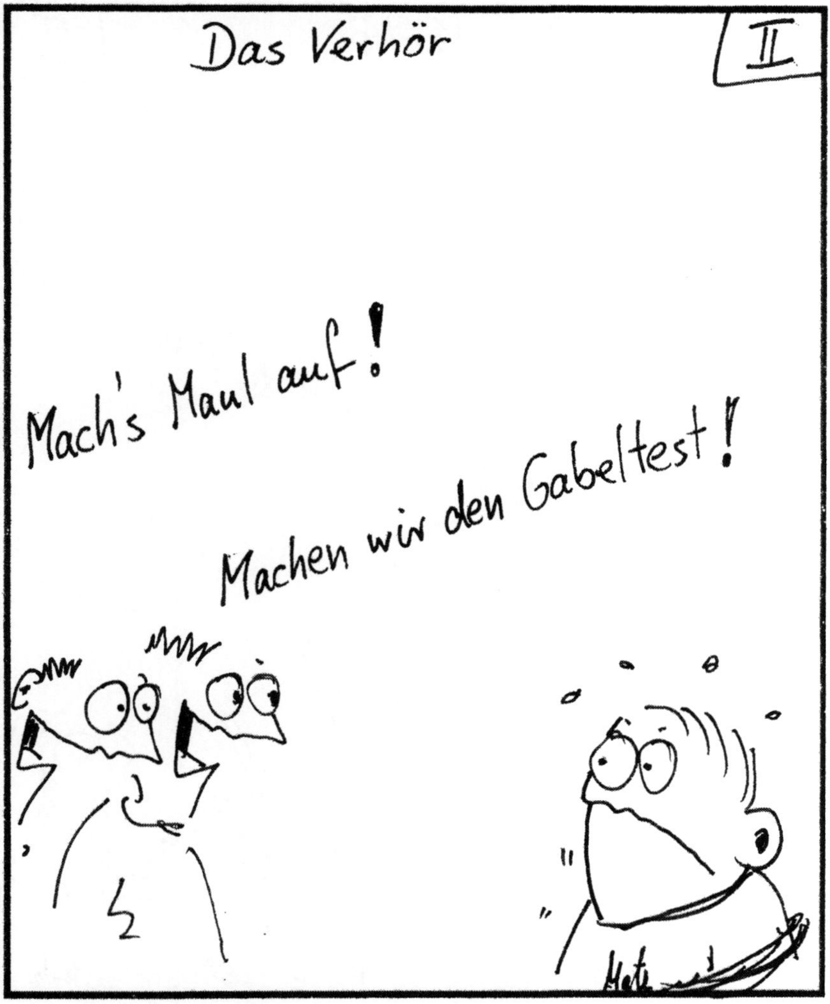
Das Verhör
II
Mach's Maul auf!
Machen wir den Gabeltest!
Mate

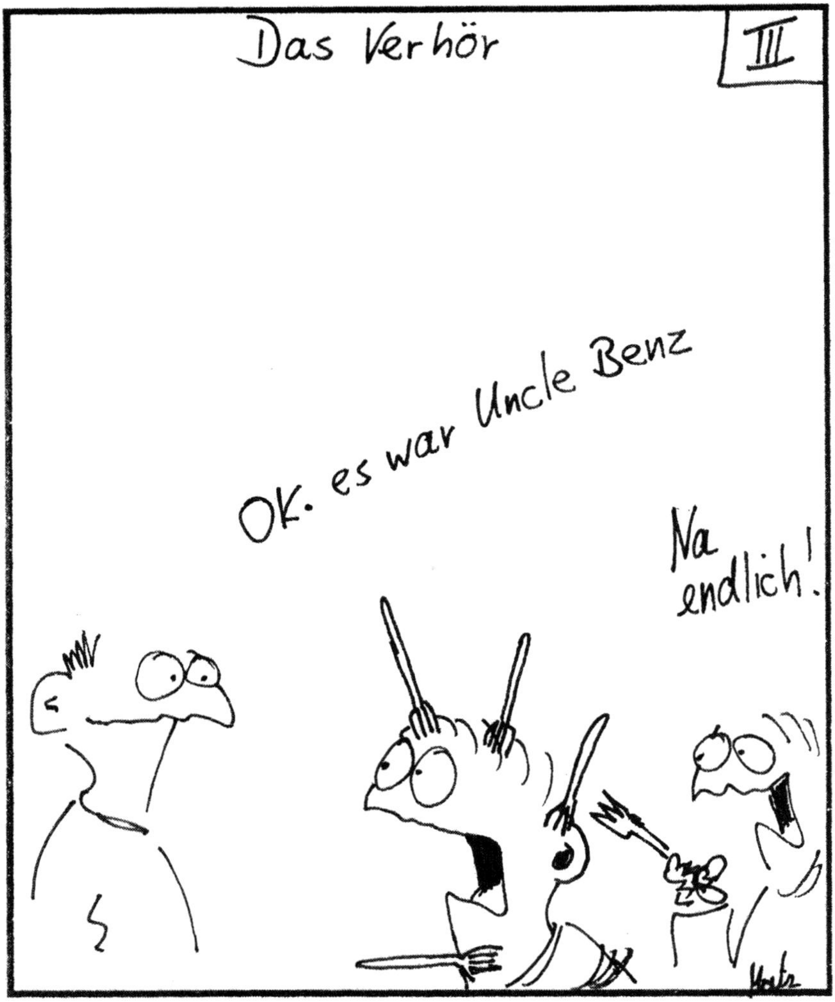
Das Verhör
III
OK. es war Uncle Benz
Na endlich!

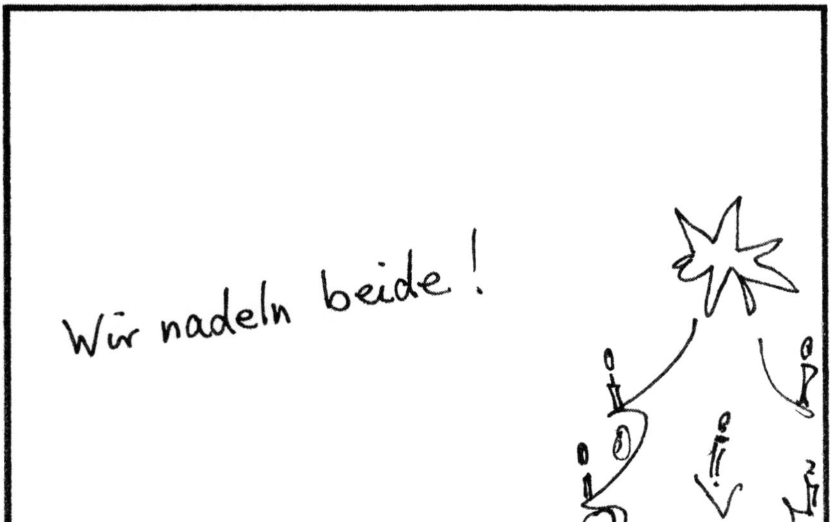
Wir nadeln beide!

Czerno-Bill

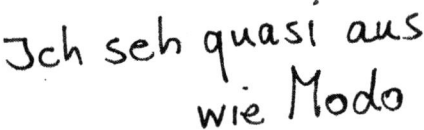

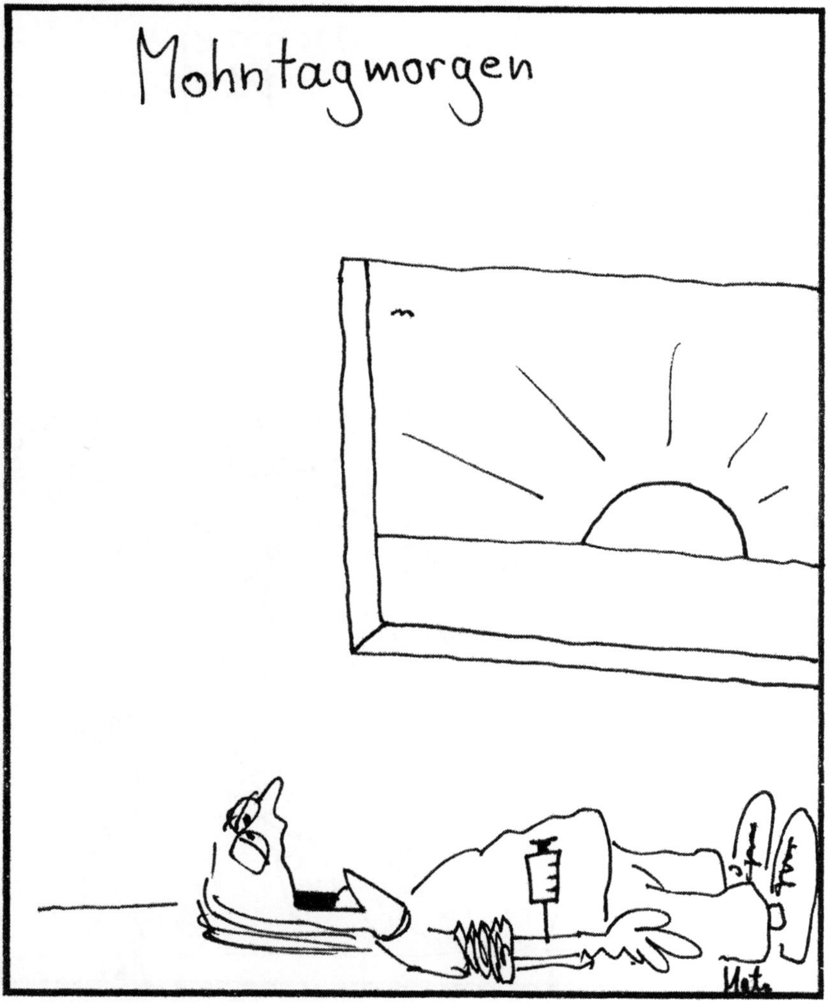
Mohntagmorgen

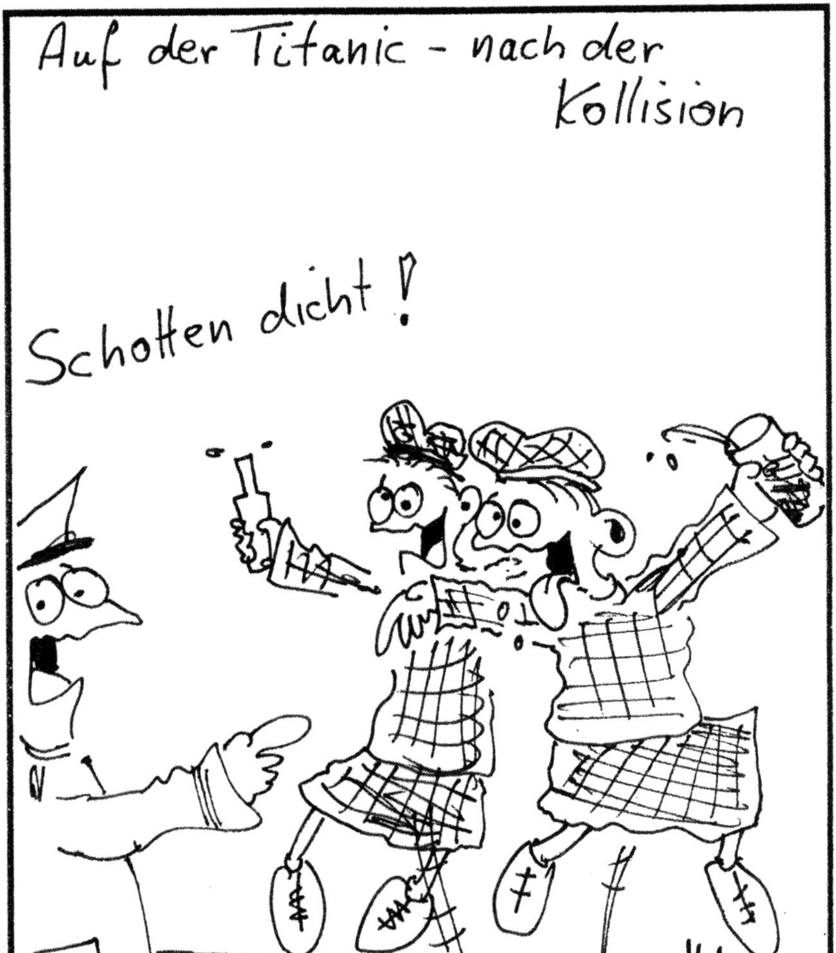
Auf der Titanic - nach der Kollision
Schotten dicht!

Eines schönen Tages...

...gerieten die Meiers *röllig* aus dem Häuschen

Wir haben den Gallenstein von ihrer Frau befreit!

Peli der Khan

Der König der Freibeutel

Spermmüll

Komasutra

Lichter lohdenmantel

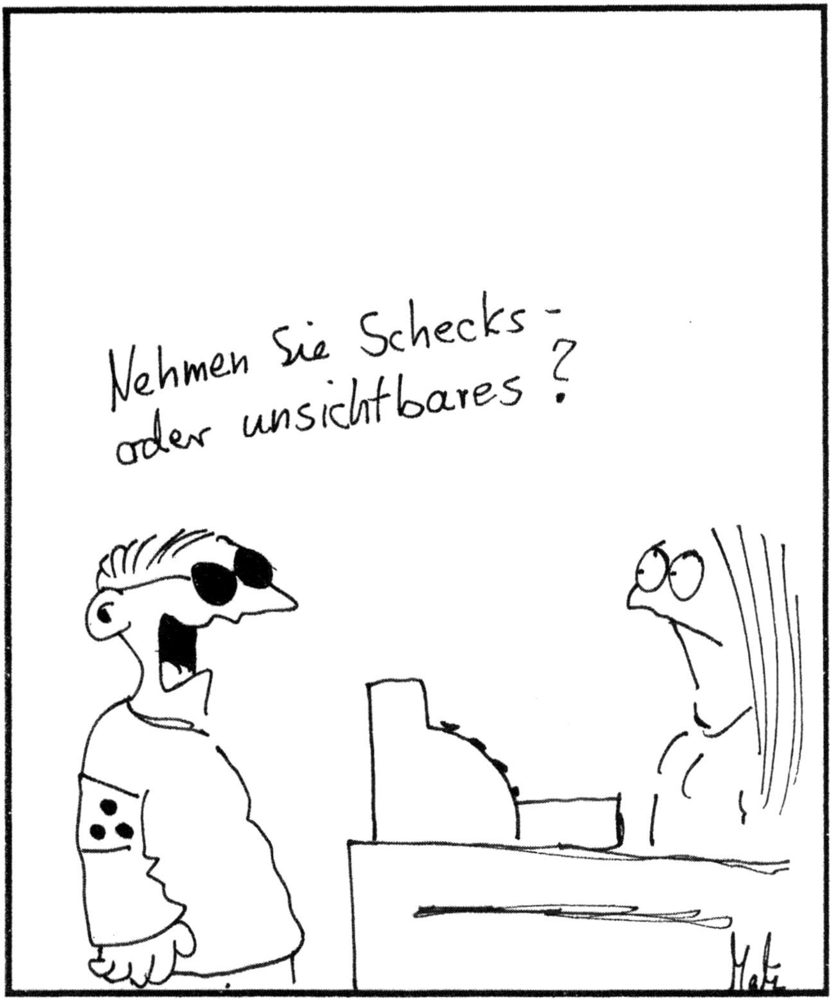
Nehmen Sie Schecks -
oder unsichtbares ?
Matz

Archie Noah ertrinkt nach der Kollision seines Luxussurvivors mit dem Berg Ararat.

Amnesie International

beim schwulen Friseur
So, noch etwas
Wet Geil und fertig
Mate

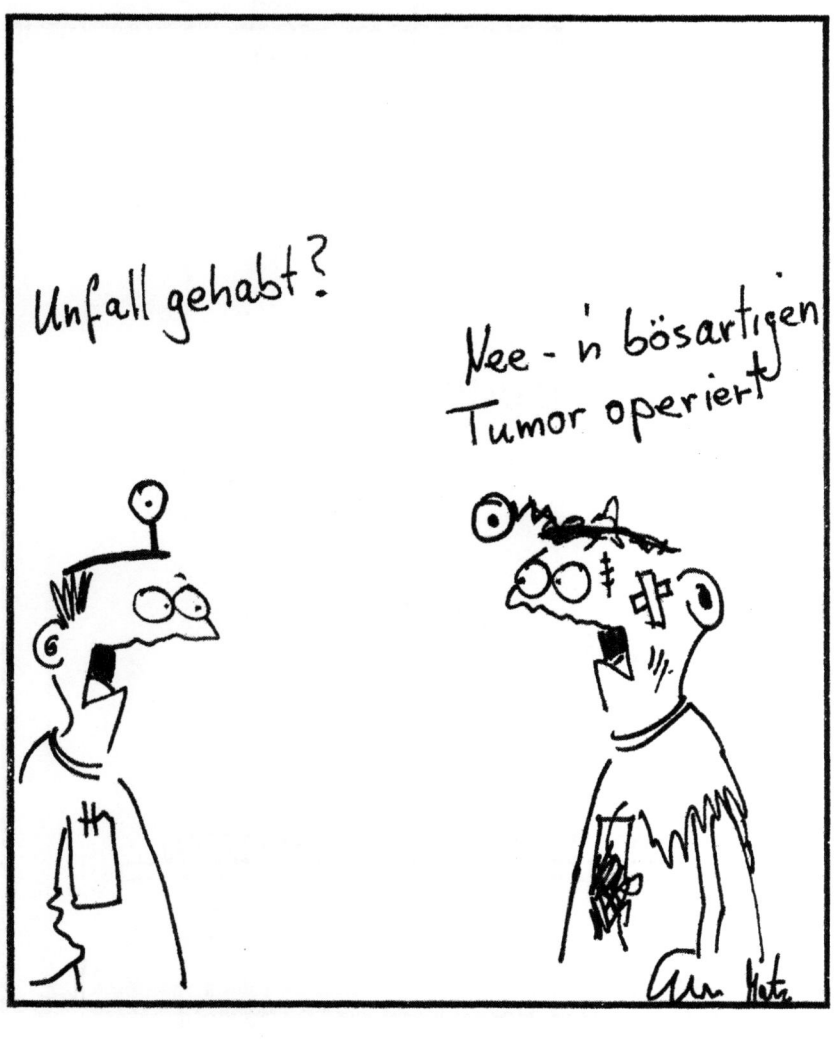

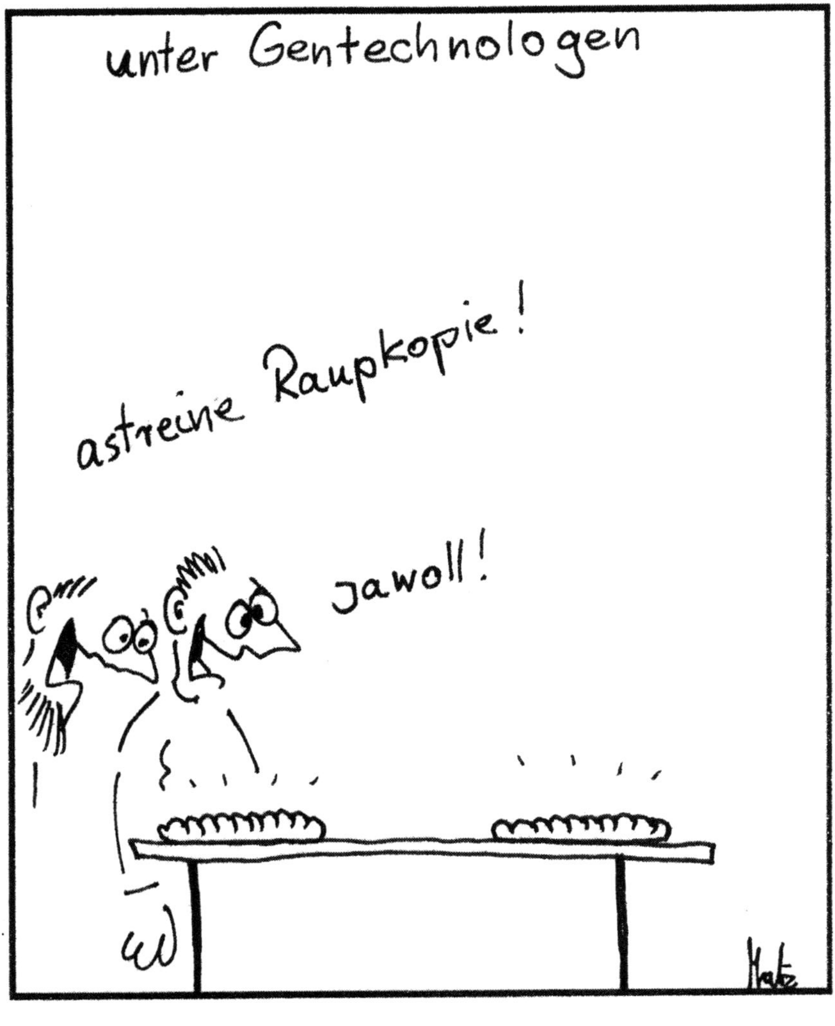
unter Gentechnologen
astreine Raupkopie!
Jawoll!
Marte

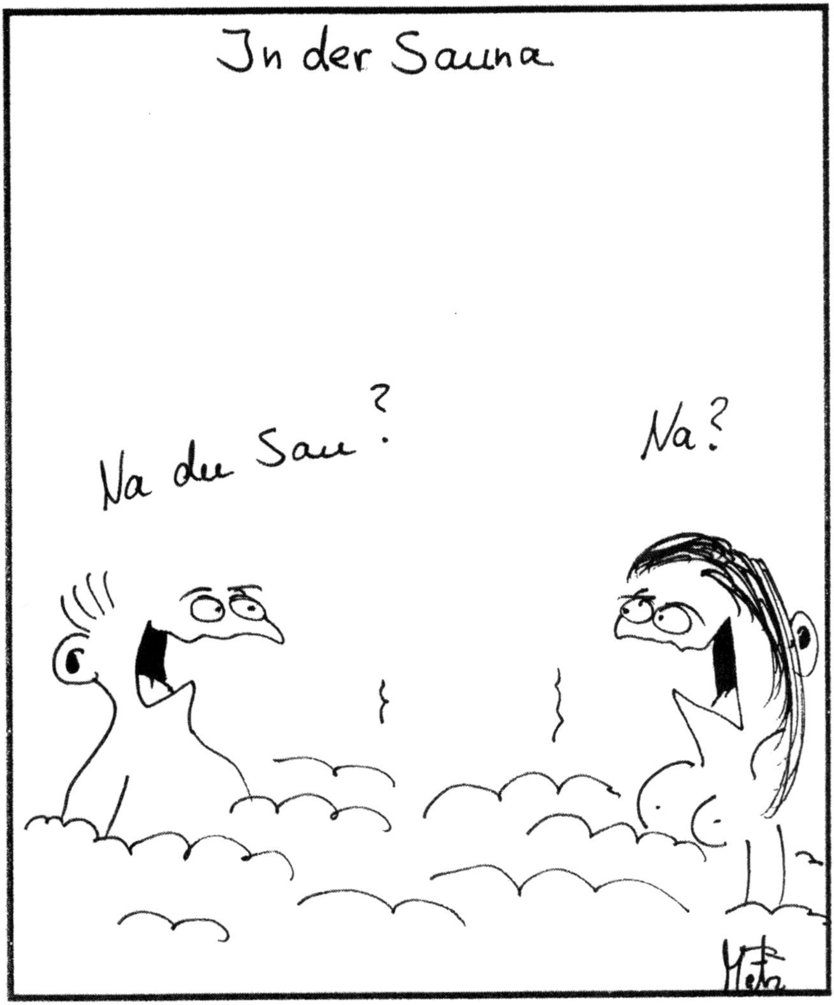
In der Sauna
Na du Sau?
Na?
Metz

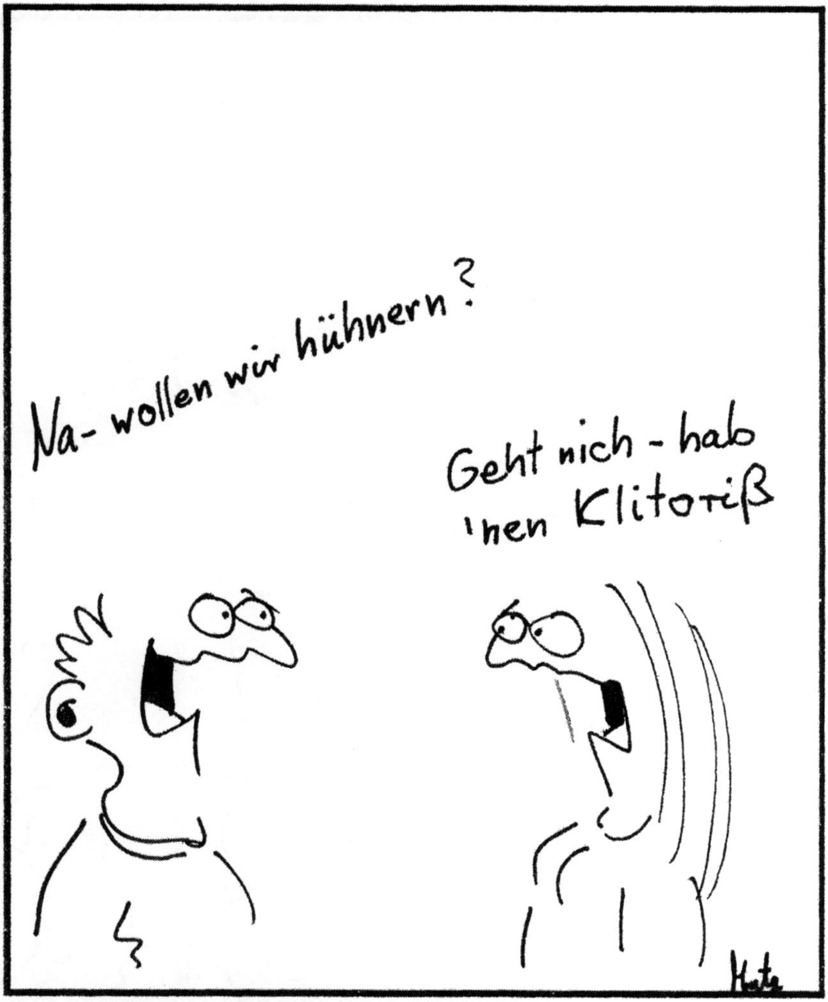
Na- wollen wir hühnern?
Geht nich - hab 'nen Klitoriß
Hutz

Spanner beim Augenarzt